AF371230

L'AMOUR D'UN OUVRIER,

DRAME-VAUDEVILLE EN DEUX ACTES,

PAR MM. HYPPOLITE L'ÉVÊQUE ET MICHEL DELAPORTE,

Représenté pour la première fois, sur le théâtre de la Porte-Saint-Antoine, le 16 novembre 1839.

DISTRIBUTION :

LE CAPITAINE RAYMOND.......... M. CHARLES.
ANATOLE, officier de cavalerie..... M. FORTUNÉ.
CYPRIEN, ouvrier mécanicien...... M. LÉON.
GÉLIOTTE, ami de Cyprien........ M. ADALBERT.
UN DOMESTIQUE du père d'Anatole M. BASTIEN.

UN TAILLEUR....................... M. HENRY.
ESTELLE, fille de Raymond......... Mlle BONNEVAL.
Mme GERVAIS, mère de Cyprien.... Mme LUDOVIC.
OUVRIERS.

ACTE I.

Le théâtre représente l'atelier de Cyprien. — A gauche, un établi avec les instrumens de mécanicien. — Non loin de là, une cheminée sur laquelle est une carafe pleine d'eau. — Porte au fond. — Porte à droite.

SCÈNE I.

CYPRIEN, GÉLIOTTE.

(Au lever du rideau, il fait très petit jour. Cyprien est profondément endormi dans une chaise près de sa table de travail; à côté de lui, une chandelle très courte éclaire faiblement. L'orchestre exécute en sourdine le prélude de l'air suivant.)

GÉLIOTTE, entr'ouvrant la porte du fond.

La clef est sur la porte... alors, c'est qu'on est levé... et qu'on peut entrer. (Il entre.) Bonjour, la compagnie: tiens, il n'y a personne, excusez. Si on n'avait pas affaire à d'honnêtes gens pourtant! Quelqu'un a poussé un soupir, ici : oh! oh! c'est Cyprien qui dort là... dans une chaise... merci du dodo! (Regardant la chandelle.) Il aura passé la nuit à travailler... quelle bêtise. (Il s'avance sur la pointe du pied auprès de Cyprien.)

CYPRIEN, il murmure doucement des mots entrecoupés

Air : Loin d'ici...

Je crois la voir... toujours...
C'est elle... c'est bien elle...

GÉLIOTTE.

Mais que diantre marmotte-t-il donc entre ses dents ? (Il écoute.)

CYPRIEN, continuant l'air.

Sois mes seules amours
Estelle... chère Estelle...

GÉLIOTTE.

Estelle! qu'est-ce que c'est que cette beauté-là? ah! oui, je me souviens d'en avoir entendu parler souvent à Cyprien... je ne l'ai jamais vue c'est dommage, car il paraît que la petite n'est pas du tout chiffonée...

CYPRIEN, rêvant toujours.

Ma bonne mère...

GÉLIOTTE.

Sa mère à présent... Estelle et sa mère! tout ce qu'il aime le plus au monde... j'ai bien envie

de le laisser dormir: il paraît si heureux! (Fausse sortie.) Oui, mais moi qui avais quelque chose d'intéressant à lui dire... bah! réveillons-le. (Il lui frappe sur l'épaule.) Eh! l'ami!

CYPRIEN, éveillé en sursaut.

Qui? qu'est-ce? de quoi?

GÉLIOTTE.

C'est moi, Géliotte, ton meilleur ami.

CYPRIEN, se levant.

Le diable t'emporte, va! de m'avoir réveillé!.. je me sais un si bon somme! (A part.) Et de si beaux rêves!

GÉLIOTTE.

Cyprien, ton inconduite me fait rougir.

CYPRIEN.

Mon inconduite?

GÉLIOTTE.

Crois-tu donc que je ne comprenne pas le langage de cette chandelle qui est à son couchant... (Il la lui montre et la souffle.) Une superbe chandelle des six et qui devait avoir au moins sept pouces de haut!.. fi! c'est une indignité de passer les nuits là.... le nez sur l'ouvrage.

CYPRIEN.

Bien obligé de ta morale; mais dis-moi, Géliotte, ce qui t'amène si matin.

GÉLIOTTE.

Tu ne songes donc pas à tout ce qu'il y a de coupable dans une pareille habitude; tu me diras à ça : c'est pour ma mère, mais ta respectable mère elle-même si elle savait tout... (Il s'embrouille de plus en plus.) Tiens, regarde comme tu es tout pâle!.. fils dénaturé qui attentes à tes jours! et tes amis qui ne te survivraient pas! cristi! quel bon enfant tu fais!.. si t'allais te suicider... nom d'un petit bonhomme.. c'est dans le code, tout ça.. et la morale... ah! voilà! la morale tu la foules aux pieds, toi, la morale... tu oublies donc que tu te

14

dois à ta mère... à tes parens... à tes amis dans
le besoin... ingrat... mauvais cœur... (Après une
pause.) Prête-moi cent sous.
CYPRIEN.
Voilà les seuls mots que j'ai compris dans tout
ton galimathias, au surplus je devais m'attendre
à cette conclusion.
GÉLIOTTE.
Pourquoi?
CYPRIEN.
Parce que quand par hazard il t'arrive de te rem-
plumer un peu en travaillant, vite, tu cours au
cabaret... et crac, plus de monnaie... alors, tu
penses à moi.
GÉLIOTTE.
Sans doute! ce serait t'insulter que d'agir autre-
ment; entre amis tout doit être commun.
CYPRIEN.
C'est-à-dire...
GÉLIOTTE.
C'est-à-dire que quand tu auras besoin d'ar-
gent je t'ouvrirai toujours ma bourse.
CYPRIEN.
Merci! il n'y a jamais rien dedans.
GÉLIOTTE.
L'intention y est, ça suffit... comme on dit
CYPRIEN.
Le moyen que tu aies le gousset garni, à pré-
sent! comme quand nous étions au même atelier,
tu es un musard, un paresseux fini.
GÉLIOTTE.
Paresseux! moi! par exemple! parce que je ne
veux pas m'abîmer le physique à travailler. Prends
garde, Cyprien, tu te rendras malade, il n'y a
rien qui massacre le monde comme le travail et
le sentiment.
CYPRIEN.
Le sentiment?
GÉLIOTTE.
Eh oui! tu t'es trahi tout à l'heure en dormant,
et je sais maintenant à quoi m'en tenir sur une
certaine Estelle...
CYPRIEN.
Après tout, ça ne te regarde pas.
GÉLIOTTE.
Si fait, ça me turlupine, ça m'exaspère de
voir un ami qui se morfond l'âme à travailler, à
roucouler... le travail, c'est bon pour les petites
gens, les soupirs, c'est bon pour les gants
jaunes.
CYPRIEN.
Encore une fois...
GÉLIOTTE.
Si ton Andalouse n'est pas une sucrée... prends
exemple sur moi... c'est le moyen d'aller ronde-
ment et de ne pas devenir maigre et effilé comme
un lézard... Il faut me voir avec mes particu-
lières quand je suis au bal du Sauvage ou du
Bœuf rouge... dans les allées couvertes.
CYPRIEN.
En effet, tu es beau.
GÉLIOTTE.
Écoute comment je sais manier le dialogue
amoureux.
Air des Laveuses du couvent.

Je t'aime! ô ma toute charmante,
Veux-tu devenir mon amante,
Et dans tes meubles je te mets.
disant la femme.

« Monsieur, je voudrais rester sage,
» Ne me tenez pas ce langage...
» Et quittons ces sombres bosquets,
» Ah! fuyons ces sombres bosquets. »
Belles,
Quand vous avez fait votre rôle,
On fait le sien, on vous enjôle,
Et votre cœur,
Et votre tendre cœur,
Se rend à son vainqueur.

On n'a pas sa langue dans sa poche et l'on
continue gracieusement la conversation:
Même air.
Au jeu, sur les écus, je roule,
Je suis un vrai coq à la poule
Et je prétends te faire un sort.
« Monsieur, votre délicatesse,
» Va subtiliser ma jeunesse,
» De vous écouter j'ai grand tort;
» Ah! de vous écouter j'ai tort. »
Belles,
Quand vous avez fait votre rôle, etc.
CYPRIEN.
Parles comme tu voudras à tes conquêtes du
Bœuf rouge, mais ne prononce le nom d'Estelle
qu'avec respect... avec respect, entends-tu?
GÉLIOTTE.
Excusez!
CYPRIEN.
Mlle Estelle est la fille d'un brave officier dé-
coré... et ses manières, son éducation...
GÉLIOTTE.
Son éducation! c'est bel et bon... mais quels
sont alors tes projets, tes espérances?
CYPRIEN, tristement.
Mes espérances!.. hélas! je n'en ai pas... un
autre sera plus heureux que moi.
GÉLIOTTE.
Bon! je devine... cet autre, c'est ce beau
jeune homme qui, en venant ici te commander
de l'ouvrage a fait la connaissance de ta voisine...
pauvre garçon! tu ne risque rien, va.
CYPRIEN.
M. Anatole a des sentimens honnêtes; fils d'un
capitaine tué en Russie, et officier lui-même,
n'est-il pas tout simple qu'il se soit lié avec M.
Raymond, un des débris de notre vieille armée...
et peut-on s'étonner s'il recherche Mlle Estelle en
mariage?
GÉLIOTTE.
Épouser, lui!.. allons donc! pas si chose.
CYPRIEN.
Géliotte!
GÉLIOTTE.
T'as beau faire tes gros yeux, ça ne changera
pas l'ordre et la marche de ta déconfiture... M.
Anatole est riche, il empaumera la jeune fille
qui est pauvre... et l'affaire s'arrangera... connu,
connu, les couleurs!
CYPRIEN, avec menace,
Ah! s'il avait une telle pensée!
GÉLIOTTE.
Bah! bah! le papa a la vue basse, il n'y voit
que du feu... encore c'est tout au plus... et puis
il est gueux comme un rat d'église, ton capitaine
déplumé.
CYPRIEN.
Tu te trompes, M. Raymond a des moyens

d'existence assurés... il n'a besoin de personne.

GÉLIOTTE.

Excepté du citoyen Mont-de-Piété.

CYPRIEN.

Que veux-tu dire ?

GÉLIOTTE.

Pardine ! c'est tout simple... je vas souvent dans c'te grande cassine-là, moi... l'autre jour, encore, je suis été y engager une queue d'honneur que j'avais gagnée à la dernière poule de l'estaminet du Cheval-Blanc... En couchant ma signature sur le grand registre de ma tante, j'ai vu le nom de Mlle Estelle Raymond à côté du mien.   CYPRIEN, à part.

Grand dieu !

GÉLIOTTE.

On lui avait prêté douze francs sur un schall en bourre de soie.

CYPRIEN.

Et Mlle Estelle était là ?

GÉLIOTTE.

Non pas... je me trouvais alors tout seul au bureau avec les gratte-papiers ; ainsi j'attendrai encore à une autre fois pour te dire si je trouve ta belle de mon goût.

CYPRIEN, à part.

Oh ! non, non... cela n'est pas possible.

GÉLIOTTE.

Ainsi mon bon ami, méfie-toi des passions... la vie est un chemin qui... car enfin, vois-tu... (Il s'embrouille.) Il n'y a pas de roses sans épines. Je sais bien que la philosophie est une belle chose... tu es un honnête homme... tu payes bien tes contributions... mais je te l'ai déjà dit : la morale... la morale surtout... c'est la chose essentielle... mais prête-moi donc cent sous.

CYPRIEN.

Au fait, c'est aujourd'hui la fête de ma bonne mère, et tu pourras lui acheter aussi un bouquet.   GÉLIOTTE.

C'est sa fête ! (A part.) Je n'en savais rien (Haut.) Mais mon ami, c'est pour cette belle occasion que je t'empruntais.

CYPRIEN.

Mon cher Géliotte, il faut que je me dépêche de sortir pour aller toucher l'argent de cette pièce. (Il montre une petite mécanique.) Tu vas attendre le réveil de ma mère et tu lui demanderas de l'argent de ma part.   (Il met sa cravate.)

GÉLIOTTE.

Allons, j'attendrai.

CYPRIEN.

Au revoir.

GÉLIOTTE, le retenant un moment.

Cyprien, bon fils, bon ami, je te donne ma bénédiction.

CYPRIEN, sortant avec la petite mécanique qu'il serre dans un paquet.

Merci.

<hr>

SCÈNE II.

GÉLIOTTE, puis Mme GERVAIS.

GÉLIOTTE.

Décidément, je me risquerai... je sais bien que la mère rabat-joie est dure à la détente... elle vous fait des sermons à vous endormir les pieds

dans la moutarde ; mais c'est égal, qu'elle s'exécute et je lui pardonne... Oh ! la voilà.

Mme GERVAIS, entrant.

Déjà au travail, mon Cyprien... il y a une heure que je t'entends...

GÉLIOTTE.

Salut à la maman Gervais.

Mme GERVAIS.

Ah ! c'est toi, mauvais sujet.

GÉLIOTTE, à part.

Ça commence bien ! (Haut.) Je venais vous dire un petit bonjour en passant.

Mme GERVAIS.

Où donc est Cyprien ?

GÉLIOTTE.

Sorti pour affaires...

Mme GERVAIS.

Quelle activité ! voilà un travailleur ! toujours sur pied avant les autres...

GÉLIOTTE.

Pardine, c'est pas sorcier d'être levé de bonne heure quand on n' se couche pas.

Mme GERVAIS.

Comment, il aurait passé la nuit !

GÉLIOTTE.

Oui, qu'il l'a passée ! et même que je lui ai fait à ce sujet un crâne de sermon.

Mme GERVAIS.

Je vois ce que c'est ; il se sera encore passionné pour la construction de quelque mécanique nouvelle, comme celle qu'il a portée la semaine dernière au concours de l'Institut.

(Elle va voir vers la table.)

GÉLIOTTE.

Comment, Cyprien a mis au concours ! quelle petitesse ! ce que c'est que l'orgueil humain ! rechercher des prix, des médailles, des mentions honorables !.. comme si ça lui faisait une plus belle jambe.

Mme GERVAIS.

Oh ! pour ce qui est des mentions honorables, tu ne risques pas d'en obtenir, toi.

GÉLIOTTE.

Voyez-vous ça !

Mme GERVAIS.

Air : Vous trahissez votre femme.

Ton seul Dieu, c'est la paresse,
L' moindre travail te fait peur ;
Et tu te montre sans cesse,
Flâneur,
Buveur,
Caqueteur !
GÉLIOTTE, à part.
Allons ! la voilà partie !
Mme GERVAIS.
Vrai pilier d'estaminet,
Tu vas y passer ta vie...
(Le toisant.)
Quel sujet !
Quel gobet !
L'ami je te connais bien ;
De m' tromper pas moyen,
Tu n'es qu'un franc vaurien,
Un pas grand chose, un rien !
GÉLIOTTE.
Je pense qu'en voilà
Assez comme cela !..
Grâce pour ma modestie.

J'ai e caractère bien fait, j' prends la chose
du bon côté; pas plus d' rancune qu'un enfant.
Touchez là, maman Gervais.

(Il lui donne la main.)

Mme GERVAIS.

Ah! si tu voulais prendre exemple sur mon
Cyprien!

GÉLIOTTE, à part.

Après la pluie, occupons-nous du beau temps.
(Haut.) C'est vrai qu'il est un vrai modèle tout
d' même, vot' fils; c'est la fine fleur des bons enfans; n'y a pas à dire quoi! il a le cœur sur la
main!.. tout à l'heure encore, il me disait avec
l'accent d'un homme sensible et vertueux. « Géliotte, tu vas attendre ici ma mère, et tu lui
diras de ma part de te prêter une pièce de cent
sous. »

Mme GERVAIS.

Il t'a dit cela?

GÉLIOTTE.

Ma vraie parole d'honneur sacrée!

Mme GERVAIS.

Sans doute un emprunt que tu veux faire pour
aller...   GÉLIOTTE.

Oh! grâce, encore une fois... soyez tranquille,
je vous rendrai ça avec le reste, on est foli-
chonneur c'est vrai; mais au fond, on est honnête; il n'y a pas que les blonds qui soient déli-
cats.   Mme GERVAIS.

Enfin, puisque c'est de sa part, je n'ai rien à
répliquer...

(Elle tire une pièce de cent sous de sa poche.)

GÉLIOTTE, à part.

Ca n'aura pas été sans peine.

Mme GERVAIS, elle lui donne la pièce.

Tiens! (A part.) Autant de perdu!

GÉLIOTTE, contemplant la pièce.

Air: Quel repas.

La voici,
Dieu merci;
Sur mon âme,
Vous êt's un' bonn' femme!

(A part.)

La voici,
Dieu merci,
J'vas m'amuser sans souci.

(Géliotte sort gaîment.)

SCÈNE III.

Mme GERVAIS, puis CYPRIEN.

Drôle de garçon, va! le cœur est excellent;
mais la tête... ah! dam! tout le monde n'a pas
le bonheur d'avoir des enfans semblables à mon
Cyprien... avec lui, je suis heureuse... je suis
riche... (Cyprien entre.) Mais il me semble qu'il
est bien long-temps dehors... quand il s'absente
une minute, ça me fait toujours cet effet-là...
(Cyprien est entré par le fond, tenant une pendule
qu'il a posée doucement sur la cheminée.) C'est
égal pourtant! il doit être tard... je vais demander au capitaine Raymond l'heure qu'il est. (On
entend sonner la pendule, Cyprien se cache en
riant. Mme Gervais se retourne étonnée.) Le son
d'une pendule!.. mais oui... sur la cheminée...
une pendule! Ah! j'y suis à présent! c'est aujour-
d'hui la sainte Madelaine!.. Cyprien, c'est toi...

CYPRIEN, se montrant.

Oui, bonne mère... (Il l'embrasse.) Je vous
la souhaite bonne et heureuse.

Mme GERVAIS.

Mon Cyprien.

CYPRIEN.

Mon petit cadeau est-il de ton goût?

Mme GERVAIS.

S'il est de mon goût! une pendule dorée... et
qui sonne, encore! mais tu t'es ruiné, mon ami.

CYPRIEN.

Bah! quand on a bon pied, bon œil et du
courage, avec ça on n'est jamais ruiné... et puis
j'ai voulu célébrer dignement ta fête.

Mme GERVAIS.

Air du Piège.

Je veux avoir le plus grand soin
De ta pendule si gentille...
Lorsque tu te trouveras loin,
J'interrogerai cette aiguille.

CYPRIEN.

Quand la sainte Madelain' vient,
Ma mémoire toujours est prête...

Mme GERVAIS.

La mienn' jamais ne s'en souvient...
Près d' toi, c'est tous les jours ma fête.

CYPRIEN.

Pour une bonne crème de mère comme
ça, je ne me jetterais pas dans le feu la tête la
première... je ne donnerais pas mille fois ma
vie!   Mme GERVAIS.

A propos de ça, mon ami, il faut que je te
gronde... Comment! tu passes les nuits à travailler!   CYPRIEN, à part.

Bavard de Géliotte va... (Haut.) Oh! je suis
bien excusable aujourd'hui... ma petite pendule
vous a fait tant de plaisir!..

Mme GERVAIS.

Oui, mais ta santé, elle ne se remonterait pas
comme un cadran.

CYPRIEN.

Je voudrais pouvoir vous donner tout ce qu'il
y a de plus beau... que vous soyiez aussi heureuse que la femme d'un banquier... que vous
preniez tous les matins dans votre lit la fine tasse
de bon chocolat, et à dîner la petite goutte de
cognac pour faire la digestion!.. je veux...

Mme GERVAIS.

Moi, je veux t'embrasser encore!

(Ils s'embrassent.)

CYPRIEN.

Il n'y a pas que moi qui vous aime, allez;
tous ceux qui vous connaissent en sont là; et
pour commencer, nos voisins, M. Raymond et
Mlle Estelle, vous adorent.

Mme GERVAIS.

Ils sont si bons! mais, mon pauvre Cyprien,
c'est toi qui as des adorations dans le voisinage
et si j'en crois mes petites observations...

CYPRIEN, avec plus de sérieux.

Oh! ne parlez pas de cela, ma mère, si on
vous entendait, on me croirait fou... aimer une
si belle demoiselle!.. (On entend parler dans le
Mais chut! j'entends M. Raymond.

Mme GERVAIS.

Dans son malheur d'avoir perdu la vue, le ciel
lui a donné du moins un ange gardien.

SCÈNE IV.

Mme GERVAIS, CYPRIEN, M. RAYMOND, ESTELLE.

(On voit au fond Estelle qui conduit et soutient son père.)

ESTELLE.

Peut-on entrer ?

Mme GERVAIS.

Comment donc ! si on peut entrer ! Ah ben !

RAYMOND.

Bonjour, voisin...

Mme GERVAIS et CYPRIEN.

Salut à M. Raymond... à Mlle Estelle...

ESTELLE.

Bonne fête à madame Gervais...

RAYMOND.

Vive sainte Madeleine ! Aujourd'hui, voisine, il est permis de s'embrasser.   *(Il l'embrasse.)*

Mme GERVAIS.

Sans doute, ah ! de bien bon cœur !

CYPRIEN, *présentant une chaise.*

Tenez, monsieur Raymond, voilà une chaise.

RAYMOND.

Parbleu, mon garçon, crois-tu donc que je ne l'aperçoive pas?.. Je ne suis pas encore tout-à-fait aveugle... Dieu merci!.. j'y vois encore assez pour me conduire, pour distinguer le jour de la nuit... et, en m'approchant un peu, pour voir si une femme est jolie... C'est encore du bonheur... Mais, auparavant de m'asseoir, permettez...
(Il donne un gros bouquet qu'il tenait caché, et s'assied ensuite.)

Mme GERVAIS.

Oh ! le joli bouquet !

ESTELLE.

J'ai le mien aussi.   *(Elle en présente un autre.)*

CYPRIEN.

Petite mère, il faudra avoir bien soin de ces fleurs.

Mme GERVAIS.

Mets-les dans la carafe.   *(Cyprien obéit.)*

Mme GERVAIS.

Vraiment, monsieur Raymond, c'est bien aimable à vous d'avoir pensé à la Sainte-Madeleine.

RAYMOND.

C'est une petite marque d'amitié. *(Avec gaîté.)* D'ailleurs, j'ai toujours eu un grand faible pour les saintes...

Mme GERVAIS.

Ce cher monsieur Raymond ! J'aime à vous voir cette belle humeur, cette bonne santé !

RAYMOND.

Ce n'est pas la santé qui est en défaut, et, sans cette méchante infirmité...   *(Il montre ses yeux.)*

ESTELLE, *à son père.*

Oui, mais dans ce malheur il y a, pour te consoler, un souvenir de gloire...

CYPRIEN.

Je l'aurais parié !

Mme GERVAIS, *à Raymond.*

Oh ! racontez-nous donc ça ?

RAYMOND.

Volontiers... Ces souvenirs-là, ça vous rajeunit... ça vous retrempe... « C'était à Montmirail!.. à Montmirail, où les autres ont reçu une de leurs dernières leçons ! Comme nos boulets labouraient la terre ! et quelle récolte de lauriers nous apportaient leurs sillons sanglans ! Oh ! la victoire donnait une bien bonne odeur à la poudre ! Et le plomb, qui sifflait à nos oreilles, formait de bien doux concerts !.. Il fallait voir ça !.. La partie était belle, corbleu ! *(Il s'assied.)*

CYPRIEN.

Il faisait chaud à Montmirail !

RAYMOND.

Un feu ! J'étais d'une joie... Mais voilà le hic de la chose... le mauvais côté... mes diables d'yeux enfin !

Mme GERVAIS.

Pauvre capitaine !

RAYMOND.

Je servais une vieille moustache de canon, ridé par quinze ans de gloire... J'y allais d'un cœur!.. Je m'apprêtais, pour la dernière fois, à lui faire dire deux mots à des drôles qui faisaient encore les mutins... Tout-à-coup la lumière crève, la culasse éclate... un de mes compagnons tombe mort... Et moi, moi, je suis aveugle...

CYPRIEN ET Mme GERVAIS.

Comment, aveugle ?

RAYMOND.

Oui, aveugle... complétement aveugle pendant plusieurs mois. Alors, je l'avouerai, je manquai de caractère... j'avais dans le cœur de grosses larmes... C'était bien naturel, allez !.. Je m'écriais près de l'affut brisé... «Malheureux ! tu ne pourras plus servir ton pays, tu ne le verras plus l'Empereur... non tu ne le verras plus... — Au moins, ajouta une voix, tu te souviendras de lui... » Et je sentis quelqu'un qui attachait un ruban à ma boutonnière... C'était lui ! c'était l'Empereur ! »

CYPRIEN ET Mme GERVAIS.

L'Empereur ?

RAYMOND.

Oui, c'était mon empereur; mais je ne le voyais plus, je ne devais plus le voir... Lorsque je recouvrai en partie la vue... il était proscrit... un autre occupait sa place... sur le trône... et non point dans mon cœur, sur lequel brillait cette croix qui venait de lui... car ma croix, voyez-vous, c'est mon talisman, c'est mon Dieu... Souvent je la couvre de baisers... Il me semble alors que la lumière m'est entièrement rendue... Je le vois... lui... il me sourit... il me console... La gloire m'apparaît comme un éclair... elle vient enivrer mon âme... J'assiste à nos mille combats... à nos mille triomphes... Les tapageurs sont vaincus... l'Europe tremble à nos pieds... nous sommes les maîtres du monde... Ô bonheur ! *(Après une pause et avec tristesse.)* Mais réveille-toi donc, pauvre fou ! Que parles-tu de gloire?.. tu es presque aveugle...

Que parles-tu de l'Empereur?.. ne l'ont-ils pas assassiné... les lâches...   *(Il essuie une larme.)*

ESTELLE.

Je t'en prie, bon père, chasse de si tristes pensées.

RAYMOND.

Tu as raison, Estelle... un jour de fête... je prends mal mon temps pour m'affliger... d'ailleurs, en l'an de grâce 1825; il se passe des choses si étranges qu'il n'est peut-être pas si malheureux pour moi de ne pas les voir.

CYPRIEN.

Le fait est que les temps d'aujourd'hui ne sont pas couleur de rose...

RAYMOND.

Insensiblement nous allons tomber dans la politique... laissons ce sujet assez aride pour les dames et ennuyeux pour tout le monde.

Mme GERVAIS.

La politique ! mais après mon fils et mon café, c'est ce que j'aime le plus au monde... je suis même abonnée à un journal, en compagnie de la mercière et de la parfumeuse... voici justement le numéro d'aujourd'hui.

RAYMOND.

J'ai aussi la manie des journaux ; c'est ma bonne Estelle qui se charge de me lire les nouvelles... ce qui ne doit pas l'amuser beaucoup.

ESTELLE.

Dès l'instant que cela peut t'être agréable.

Mme GERVAIS.

Aujourd'hui, mademoiselle, j'usurperai votre place ; vous travaillez trop, vos yeux se fatigueraient encore à lire... ils sont tout rouges ce matin.

ESTELLE, bas à Mme Gervais.

Silence ! de grâce.

RAYMOND.

Comment, ma fille, tu te fatigues à ce point-là ?

ESTELLE.

Ce n'est rien... un coup d'air, et voilà tout.

RAYMOND.

C'est différent ; je veux bien que ma fille s'occupe pour se distraire, mais je n'entends pas qu'elle travaille avec excès. A coup sûr, nous ne sommes pas riches, mais avec mes douze cents francs de demi-solde, nous pouvons être, sinon dans une position heureuse, du moins à l'abri du besoin.

ESTELLE, à part.

Puisse son erreur se prolonger long-temps encore !   (Mme Gervais déplie le journal.)

CYPRIEN.

Tiens, petite mère, voilà tes lunettes.

Mme GERVAIS, assise.

Voyons ce qu'il rabâche aujourd'hui, le journal ? (Elle lit.) « La Chambre des députés a passé hier à l'ordre du jour sur une pétition adressée par les officiers de l'ancienne armée dont la demi-solde a cessé. » (S'interrompant.) Pauvres soldats ! faites-vous donc écharper, voilà comme on vous récompense !

RAYMOND, agité depuis quelque temps.

Un instant !.. non, je ne me trompe pas... nous sommes aujourd'hui le 22 juillet... ma demi-solde expirait le 1er janvier dernier !.. il y a six mois... ô mon Dieu ! quel trait de lumière !

CYPRIEN, à part.

Géliotte m'avait dit la vérité... Ils sont pauvres !

RAYMOND.

Ma fille, mon enfant, comment avons-nous vécus depuis ce temps ? Ah ! je tremble de deviner... oui, je sais maintenant pourquoi tes yeux sont fatigués ! Estelle... Estelle...

ESTELLE.

Oh ! jamais pourtant le travail ne me semblera pénible.

CYPRIEN, à part.

Quelle femme !.. et dire que jamais...

Mme GERVAIS.

Que vont-ils devenir ?

RAYMOND.

Avec quel courage je travaillerais pour elle ! hélas ! ma vie est encore pleine de force, et j'ai l'impuissance de la mort !

ESTELLE.

De grâce, mon père... calme ces inquiétudes qui m'affligent,

RAYMOND.

Et dire que nous n'avons aucune ressource.

CYPRIEN et Mme GERVAIS, à part.

Pauvres gens !

ESTELLE.

J'y pense, il existe peut-être un moyen de parer au malheur qui nous menace.

RAYMOND.

Un moyen ! et lequel !

ESTELLE.

M. Dorvigny, ton ami d'enfance...

RAYMOND, sombre.

Eh bien ?

ESTELLE.

Il est riche, très riche même... aujourd'hui il pourrait te secourir si tu consentais à une réconciliation.

RAYMOND.

Non, non, ma fille ; c'est lui qui a eu le premier tort et je mourrai de faim plûtot que de subir l'humiliation de sa charité.

(On entend un grand bruit dans l'escalier.)

Mme GERVAIS.

Quel est ce bruit ?

CYPRIEN.

Je vais voir.   (Il sort.)

RAYMOND.

Que votre fils est heureux, madame Gervais, au moins son bon cœur, en soulageant sa mère, n'est pas trahi par les infirmités.

Mme GERVAIS.

Sur ce chapitre-là, M. Raymond, le ciel vous a donné aussi un enfant qu'on peut citer comme un modèle.

RAYMOND.

Aussi, combien je l'aime !

(Il serre sa fille dans ses bras.)

CYPRIEN, revenant avec tristesse.

Quelqu'un vous demande, M. Raymond.

RAYMOND.

Merci, Cyprien. (A Estelle.) Ma fille, ne faisons pas attendre.   (Il se lève.)

Air de la valse de Robin des bois.

CYPRIEN, bas à sa mère.

Destin funeste ! une triste nouvelle,
Dans un instant, va les frapper hélas !

RAYMOND, à Estelle.

Viens, mon enfant, viens, ma gentille Estelle,
Pour se guider, ton père attend ton bras,

ENSEMBLE.

CYPRIEN et Mme GERVAIS

Destin funeste ! une triste nouvelle,
Dans un instant, va les frapper hélas !
Pauvre Raymond, infortunée Estelle,
C'est le malheur qui s'attache à vos pas.

ESTELLE et RAYMOND.

Allons, peut-être, une bonne nouvelle,
Va, dans l'instant, nous consoler là-bas.
D'un sort jaloux, la rigueur trop cruelle,
Ne peut toujours s'attacher à nos pas.

(Raymond et Estelle sortent. Leur gaîté contraste avec la tristesse de de Cyprien et de sa mère.)

SCÈNE V.
CYPRIEN, Mme GERVAIS.

CYPRIEN.

Pauvre gens ! encore un nouveau malheur!

Mme GERVAIS.

Un nouveau malheur ?

CYPRIEN.

Hélas ! oui... chassés de leur logement par huissier... leurs meubles saisis.

Mme GERVAIS.

Il est possible !

CYPRIEN.

Et tout ça, pour deux cents malheureux francs qui sont dûs au propriétaire... c'est ce cancre-là qui dirige l'escorte aux doigts crochus... ils veulent tout enlever.

Mme GERVAIS.

Que m'apprends-tu là !

CYPRIEN.

J'ai voulu attendrir l'impitoyable créancier; mais bah !.. il est dur comme les pierres de sa maison... Ah ! pourquoi faut-il que je ne sois pas riche !

Mme GERVAIS.

Et dire que l'adversité a choisi pour les accabler précisément le jour de ma fête.

CYPRIEN.

Un jour où nous devions être si heureux !.. Je l'étais déjà, moi, en voyant sur ta cheminée cette petite pendule que tu désirais tant... A présent, tout ma joie a disparu.

Mme GERVAIS.

Dis-moi, Cyprien, cette pendule est-elle tout-à-fait achetée ?

CYPRIEN.

C'est-à-dire que je l'ai prise à condition... Avant de conclure le marché, il fallait bien savoir si le cadeau était de ton goût.

Mme GERVAIS.

Tu ne l'as donc pas payée?

CYPRIEN.

Pas encore.

Mme GERVAIS.

Tu ne serais pas fâché si je te demandais autre chose pour ma fête ?

CYPRIEN.

Fâché ! par exemple !

Mme GERVAIS.

En ce cas, écoute, mon garçon, reportes cette pendule au marchand, et l'argent que tu possède, vas le porter au propriétaire... Rendons le repos à nos voisins qui sont bien à plaindre en ce moment.

CYPRIEN.

Quoi! tu veux... Oh ! mais viens donc, viens donc que je t'embrasse sur tes deux bonnes joues. (Il l'embrasse.) Comme ils vont être contens. Oh ! j'ai là-dessus (Montrant son cœur.) un poids de cent livres de moins... A présent, vive la joie ! vive la sainte Madeleine !.. en avant les danses et les chansons. (Il chante.) Tra la, la, la. Je puis chanter, maintenant... je n'ai plus dans le gosier un chat qui m'étrangle.   (Il chante.)

Tra la, la, la, la.
L'ouvrier d'Paris, le voilà.

Mme GERVAIS.

Tu deviens fou !

CYPRIEN.

Je suis bien joyeux... et tout à l'heure j'étais si triste... (La pendule sonne.) Comme elle avait une belle voix. (Il la prend.) Allons-nous-en, ma mignonne, tu diras à ton futur maître que jamais tu ne sonneras une plus belle heure. (En sortant, il heurte Anatole qui reste stupéfait du trouble où il le voit.) Pardon, M. Anatole de Beaumanoir... Ca va bien ?.. et moi aussi... vous êtes bien bon. Donnez-vous donc la peine d'entrer... je suis à vous dans l'instant.   (Il sort.)

SCÈNE VI.
Mme GERVAIS, ANATOLE,

ANATOLE.

Ah ça! mais, la tête n'y est plus... qu'a-t-il donc aujourd'hui, votre Cyprien ?

Mme GERVAIS.

Ce n'est rien... une course, à faire, de l'ouvrage pressé... de l'argent à recevoir.

ANATOLE.

Il m'a donné un coup dans les côtes.

Mme GERVAIS.

Allez, il est bien excusable... si vous saviez...

ANATOLE.

Je venais lui apporter de la besogne.

Mme GERVAIS.

Il ne s'en plaindra pas.

ANATOLE.

Vous savez que Cyprien a fait dernièrement pour mon père une serrure à secret.

Mme GERVAIS.

Je sais...

ANATOLE.

J'en ai perdu la clef... et je voudrais en avoir promptement une autre... Nous sommes obligés de laisser ouverte la porte que la serrure fermait, attendu que personne ne pourrait la rouvrir.

Mme GERVAIS.

Excepté Cyprien.

ANATOLE, à part.

Ma clef, qui du reste est véritablement perdue, me servira de prétexte tout naturel pour continuer auprès de la petite Raymond, mes entreprises sentimentales.

Mme GERVAIS, revenant.

Si vous preniez un livre pour tuer le temps jusqu'au retour de Cyprien ?.. tenez voici un traité sur la mécanique... ça doit être amusant.

ANATOLE.

Je le crois...

Mme GERVAIS.

Moi, avec votre permission je vais m'occupper de mon petit ménage.

ANATOLE.

A votre aise.   (Mme Gervais sort.)

SCÈNE VII.

ANATOLE, seul, lisant.

« Traité sur la construction des engrai-
nages.» Voilà un livre fort divertissant en effet
pour un jeune officier de cavalerie... Parbleu !
j'ai bien d'autres affaires que de m'occupper
de ce bouquin. (Il jette le livre.) Allons donc,
c'est mal à moi de mépriser la sublime science
de M. Cyprien ! N'est-ce pas à cause d'elle que
je vais avoir une bonne fortune de plus à racon-
ter au régiment ? N'est-ce pas en venant par hasard chez cet ouvrier que j'ai fait la connaissance
de cette jolie Estelle ?.. Si je pouvais parvenir à
m'en faire aimer ! oh ! ce serait un coup de
maître !.. Par bonheur j'ai su éviter, auprès du
papa, un écueil qui m'aurait arrêté tout net :
quelques mots échappés au vieux capitaine m'ont
appris que j'avais devant moi ce Raymond, si
rancunier, dont mon père, le colonel Dorvigny,
me parle quelquefois. La chance veut encore
que mon père porte, depuis long-temps, le nom
de sa terre de Beaumanoir, dont il a fait l'ac-
quisition jadis... Ainsi je puis, sans mentir, me
nommer Anatole de Beaumanoir... Il faudrait
pourtant hâter mes plans de conquête, car dans
quelques jours je serai forcé de rejoindre mon
régiment... et mon père, qui est à quatre-vingts
lieues d'ici, pourrait revenir dans sa maison, sur
laquelle j'ai certains projets. (Riant.) Scélérat !..
voyons... quelle tactique emploierai-je ?.. (Il
réfléchit.) M'y voilà ! si je supposais que M. Dorvigny, lassé de la vieille brouille, ait le désir de
revenir à son ancien ami et qu'il veuille prendre
Estelle, pour servir d'intermédiaire entr'eux !..
Oh ! la bonne idée !.. au milieu de ces dessins,
là, sur cette table, voici justement du papier..,
(Il écrit à la table de Cyprien.)

« Mademoiselle,

«Désirant me rapprocher de votre père, mon
ancien ami, j'ai pensé que vous seriez assez bonne
pour vouloir bien vous entendre avec moi, sur
les moyens à employer à cet égard. Vous ne refuserez pas (Appuyant sur le mot.) un vieillard,
qui se sent déjà pour vous toute la tendresse
d'un père.»
Signé le colonel DORVIGNY.»

Ah ! j'oubliais le principal. «Le plus grand
secret jusqu'à notre entrevue. Je vous attends,
aujourd'hui même, à Belleville, route de Bagnolet, n. 14.»   (Il cachète.)
Estelle viendra... oh ! oui, elle viendra... (Il
se lève.) Ce stratagème n'est pas très moral au
moins ! j'en ai presque honte !.. Bah ! c'est après
tout une ruse de guerre... je suis amoureux, et
puis à vingt-cinq ans on pardonne tant de choses!
(On entend chanter Géliotte dans l'escalier.) On
vient... (Riant.) Mon rival peut-être !.. (Géliotte
entre.) Non, c'est un autre ouvrier.

SCÈNE VIII.

ANATOLE, GÉLIOTTE.

GÉLIOTTE, sans voir Anatole qui le regarde en riant.
Air: Je suis la Bohémienne.

Ami de la bamboche,
J'ai perdu mon magot...
Quoiqu' sans l'sou dans ma poche,
J' suis gai comme un Pierrot.
Il faut, en cette vie,
De la philosophie
Pour chasser d' tristes jours :
Rions, chantons toujours.
Le vin, le jeu, les femmes,
Voilà mes passe-temps ;
Puis-je prendre , mesdames,
De plus doux alimens ?
Lorsque j'ai bu, les belles
M' semblent toutes fidelles,
Je crois aux vrais amis...
Qu'il est doux d'être gris !
Ami de la bamboche, etc.
Je n' fais rien le dimanche,
Dans la s'maine je n' fais rien...
J' suis gueux, mais en revanche
Je me porte fort bien.
De l'enfant de ma mère
Je suis l'ami sincère...
Sortir de l'oisiv'té
Expos'rait ma santé.
Ami de la bamboche, etc.

ANATOLE.

Voilà un garçon qui n'engendre pas la mélancolie...

GÉLIOTTE.

La mélancolie... connais pas.

ANATOLE.

Vous êtes de la maison, à ce qu'il paraît ?

GÉLIOTTE.

Si je suis de la maison... Ah ben ! en v'là une
bonne !.. la maison des amis est aux amis, et
comme Cyprien est mon ami et que je suis son
ami...

ANATOLE.

Au fait je crois déjà t'avoir vu ici.

GÉLIOTTE, formalisé.

T'avoir ! excusez ce genre !.. En v'là un qui
l'est familier !.. (Haut.) Oui, jeune guerrier,
vous m'avez déjà dévisagé... je m'appelle Sin-
foirien Géliotte, ouvrier mécanicien de mon
état, et maudissant six jours par semaine, les fé-
néans qui ont inventé le travail.

ANATOLE, à part.

Cet homme-là pourrait me servir... il a accès
dans la maison, et il m'a l'air d'un mauvais gar-
nement.

GÉLIOTTE, tirant sa pipe.

La pipe n'est pas défendue, ici... on n'a pas
mis d'écriteau...
(Il bat le briquet et allume sa pipe, pendant l'à-parté
suivant d'Anatole.)

ANATOLE, à part.

Si je lui offrais de le faire mon domestique ?..
Oh ! n'employons pas ce mot-là, il le blesserait ;
disons à Géliotte qu'il sera mon homme de confiance... de cette manière j'en ferai mon valet
sans qu'il s'en doute. (Haut.) Géliotte, j'ai une
proposition à te faire.
(Il allume son cigarre à la pipe de Géliotte.)

GÉLIOTTE.

Une proposition ?.. à moi ?..

ANATOLE.

Oui, je te trouve un certain air de finesse et
de pénétration qui peut te mener loin ; aussi je

veux te faire sortir de la sphère étroite dans laquelle tes vastes moyens se perdent, et je te nomme, dès à présent, mon homme de confiance.

GÉLIOTTE.

Quoi ! vraiment?..

ANATOLE.

Es-tu prêt à venir avec moi?..

GÉLIOTTE.

Dites-moi d'abord une chose.

ANATOLE.

Voyons ?

GÉLIOTTE.

Air : Il était un petit homme. (Ambassadrice ;)

Que fait un homm' de confiance ?

ANATOLE.

Un des plus charmans états.

GÉLIOTTE.

Est-il souvent en bombance?

ANATOLE.

Par jour, quatre beaux repas.

GÉLIOTTE.

Bravo ! j'aime cette coutume.

ANATOLE.

Puis au lieu de ce costume...
Un habit bien élégant.

GÉLIOTTE.

Ça me chausse joliment !

ENSEMBLE.

ANATOLE, à part.

Bon! je tiens mon homme !
Il mort au filet ;
Voilà pourtant comme
J'en fais mon valet.

GÉLIOTTE, à part.

J'vas être un fier homme,
Un fameux sujet !
C'est singulier, comme
Ça m' fait de l'effet.

GÉLIOTTE.

Vous m'chatouillez bien l'oreille.

ANATOLE.

Tu ne feras presque rien.

GÉLIOTTE, à part.

J'aurai l' temps de boir' bouteille.

ANATOLE.

Es-tu content?

GÉLIOTTE.

Je le crois bien !

ANATOLE.

J'attendrai de ton office,
Parfois, un petit service.

GÉLIOTTE.

Vous pouvez compter sur moi,
Je suis né pour Vot' emploi.

REPRISE DE L'ENSEMBLE.

GÉLIOTTE.

J' vas être un fier, etc.

ANATOLE.

Bon ! je tiens mon, etc.

GÉLIOTTE.

Comment, vrai ! je serai logé comme un prince... nourri comme un Goddem, couché dans de *l'aigledon* et habillé comme un muscadin du boulevard de Gand.

ANATOLE.

Sans compter mille petites douceurs que je te réserve. (A part,) Telles que battre mes habits, cirer mes bottes et panser les chevaux.

GÉLIOTTE.

Vous pouvez vous vanter, beau militaire, de m'avoir joliment chatouillé la plante des pieds.

ANATOLE.

Tu vas entrer de suite en fonctions et me donner, à l'instant même, une preuve de ton zèle.

GÉLIOTTE.

Vous verrez qu'on est adroit et qu'on n'a pas mis son esprit à la caisse d'épargne.

ANATOLE.

Prends cette lettre et fais en sorte qu'elle soit remise promptement à mademoiselle Estelle.

(Il la lui donne.)

GÉLIOTTE.

Compris ! monsieur en tient pour la petite... on voit ça.

ANATOLE.

Monsieur Géliotte, je ne vous ai pas permis de faire des suppositions.

GÉLIOTTE.

Suffit. (A part.) Le pauvre Cyprien !

ANATOLE.

Au reste je veux bien t'expliquer ce que contient cette lettre, elle est de M. Dorvigny... un ancien ami de M. Raymond ; il s'agit d'une réconciliation sincère après une brouille de vingt ans.

GÉLIOTTE.

Vingt ans de brouille excusez!.. moi quand j'ai une batterie... vite un tour au cabaret et nous nous raccomodons avec un polichinel de quatre sous.

ANATOLE.

Je te laisse ; tache d'être prompt ; il faut que Mlle Estelle seule voie cette lettre et qu'elle la tienne à l'instant même.

GÉLIOTTE.

Soyez tranquille...

ANATOLE.

Aussitôt ta commission faite, tu viendras me joindre à Belleville, route de Bagnolet, n. 14... tiens voilà tes arrhes.   (Il lui donne de l'argent.)

GÉLIOTTE, empochant.

Conclusion et morale !

ANATOLE.

Maintenant tâche de te procurer un costume plus convenable à ta nouvelle position.

GÉLIOTTE.

Soyez tranquille (A part.) J' va faire un tour au Temple et avec quinze francs j'en verrai la farce.

Air : Prenez garde à ce que vous faites. (Fille de l'Air.)

J' suis votre homm' de confiance
C'est un doux et facile emploi,
J' f'rai preuve d'intelligence ;
Vous pouvez compter sur moi :
En r'luquant tout à l'heur' mon visage,
Vous s'rez écrié tout bas :
Ce garçon a de l'esprit, je gage!
V'là de l'instinct ou je n' m'y connais pas.

ENSEMBLE.

GÉLIOTTE.

J' suis votre homme, etc.

ANATOLE.

Mon homme de confiance,
Tirez-vous bien de votre emploi;
Montrez de l'intelligence,
Vous serez bien content de moi.

(Anatole sort.)

SCÈNE XI.
GÉLIOTTE.

En v'là une chance !.. une place où n'y a rien à faire que d'être amadoué , caressé , gâté et dorloté par toutes les voluptés. Au diable la lime et le marteau ! j' veux être à mon tour assi faignant que les ceux qui sont riches... en ai-je mangé de c' te misère... en ai-je mangé ?

Air : Oui je sens dans mon âme (Des Charmettes.)

Vive l'indépendance !
Vive la liberté !
Paresse , je t'encense ,
T'es ma divinité...
Dans ma plac' de chanoine
Comme j' vas m'arrondir...
Je s' rai gras comme un moine...
L' travail seul fait maigrir.
Plus de débine

(Montrant sa poche.)

J' vas avoir de quoi là-dedans !
Plus d' débine
Plus d' famine
V' là du bon temps !

SCÈNE X.
GÉLIOTE, Mᵐᵉ GERVAIS.

Mᵐᵉ GERVAIS.

Ah ! c'est M. Géliotte qui est aussi jovial !

GÉLIOTTE.

Moi-même, sainte Madelaine de mon cœur ;

Mᵐᵉ GERVAIS.

Tu t'es donc souvenu que c'était ma fête (A part.) Il m'aura acheté son petit cadeau.

GÉLIOTTE.

Si je m'en suis souvenu ! excellente pâte de bonne femme ! daignez accepter, à preuve...

(Il lui présente un cornet qu'il tire de sa poche.)

Mᵐᵉ GERVAIS.

Qu'est-ce que c'est que ça ?

GÉLIOTTE.

Ça, c'est six liards de tabac...

Mᵐᵉ GERVAIS.

Six liards de tabac... (Elle prend une prise et éternue.) que le bon Dieu te bénisse !

GÉLIOTTE.

Merci ! mais c'est à moi à vous dire ça.

Mᵐᵉ GERVAIS.

J'accepte toujours ton cadeau, mon garçon, l'intention est bonne, mais entre nous, tu ne t'es pas ruiné.

GÉLIOTTE.

Je vas vous décliner le fait... figurez-vous, Mᵐᵉ Gervais, que je m'étais en allé d'ici avec la pure intention de vous acheter un joli petit quelque chose... ne v'là-t-il pas que je rencontre des amis... moi, d'abord, vous me connaissez, la maman, je n' sais pas c' que c'est que d'être malhonnête... pour lors, v'là des gens qui se demandent de leurs nouvelles à la réciproque, comme entre z'amis ça se doit... la conversation s'échauffe... parler, ça altère, et comme les marchands de vins n'ont pas été inventés pour les caniches nous allons tout naturellement nous y rafraîchir... un coup de vin en amène un autre, c'est connu ; et de fil en aiguille, il s'est trouvé qu'au bout d'une demi-heure nous avions bu sept bouteilles à trois... au moins, moi, j'ai gardé mon équilibre... et les six liards dont je viens de vous faire hommage... mais eux, ils ont resté entièrement à sec et ont trébuché sur le comptoir où ils se sont bosselés comme de vieux gobelets...

Mᵐᵉ GERVAIS.

Jolie conduite !

GÉLIOTTE.

Sans cette rencontre, je vous aurais acheté de belles fleurs, comme celles-ci. (Il va les sentir.) Oh ! comme elles sentent bonnes.

Mᵐᵉ GERVAIS.

C'est donc parce que tu n'as plus le sou que tu chantais tout à l'heure à pleine gorge ?

GÉLIOTTE.

Lorsque la monnaie est escamotée... ça m'arrive quelquefois... en manière de consolation... mais pour le quart-d'heure j'avais un sujet de joie à faire chanter des sergens de ville.

Mᵐᵉ GERVAIS.

Et quel est ce sujet de joie ?

GÉLIOTTE.

Une place magnifique ! une place comme on n'en trouve jamais dans les Petites-Affiches.

Mᵐᵉ GERVAIS.

Je ne te comprends pas.

GÉLIOTTE.

Je suis homme de confiance de M. Anatole Beaumanoir ; vous savez, ce jeune homme qui fait la cour à la fille de l'aveugle...

Mᵐᵉ GERVAIS.

Tant mieux pour toi, si tu as une bonne place, mais tâche d'avoir aussi une bonne langue et de ne pas calomnier les gens.

GÉLIOTTE.

Mais à propos. (A part.) En v'là une fameuse idée de faire remettre la lettre par la maman Gervais... (Haut, avec une dignité comique.) Femme Gervais, voulez-vous me promettre de ne pas être femme.

Mᵐᵉ GERVAIS.

Imbécille !

GÉLIOTTE.

C'est un secret que je vais vous confier... alors vous comprenez que si vous alliez le bavarder...

Mᵐᵉ GERVAIS.

A la fin, tu m'impatientes.

GÉLIOTTE.

Les femmes, voyez-vous, c'est pas réputé pour la discrétion... (Avec fatuité galante.) mais ça a tant d'autres agrémens qu'on peut bien leur passer cette légère imperfection !.. Hein ? comme c'est délicat ! comme c'est nuancé !

Mᵐᵉ GERVAIS.

Voyons donc ce fameux secret ?

GÉLIOTTE.

Chut !.. et attention. Voici une lettre, elle est de M. Dorvigny.

Mᵐᵉ GERVAIS.

Ce Dorvigny qui est brouillé avec M. Raymond.

GÉLIOTTE.

De lui-même, en personne naturelle. Il s'agit de remettre ce chiffon de papier à mademoiselle Estelle, et surtout de ne rien dire au papa.

Mᵐᵉ GERVAIS.

Tu me donnes là une commission qui est peut-être...

GÉLIOTTE.

Oh ! ne vous effarouchez pas, madame Gervais ; votre conscience ne sera pas ébréchée... c'est pour amener une réconciliation entre les deux vieux boudeurs, et cela aujourd'hui même.

Mᵐᵉ GERVAIS.

Il serait possible ?

GÉLIOTTE.

Vous comprenez qu'avec de l'adresse, mademoiselle Estelle, qui est choisie pour tout arranger, conduira comme elle voudra son aveugle de père... mais si ce vieux têtu se doutait de la chose... oh ! alors...

Mᵐᵉ GERVAIS.

Quel bonheur ! M. Dorvigny va venir au secours de nos bons voisins !

GÉLIOTTE.

Maintenant, mère Gervais, promettez-moi la discrétion.

Mᵐᵉ GERVAIS.

Sois donc tranquille, je serai muette.

GÉLIOTTE,

A présent, je suis presque rassuré ; au revoir, madame Gervais.

Mᵐᵉ GERVAIS.

Au revoir, mon garçon.

GÉLIOTTE, à part, en sortant.

Voilà ma commission faite ; vite chez M. Anatole.

(Il sort.)

Mᵐᵉ GERVAIS.

Cette bonne petite Estelle, au moins, elle ne se fatiguera plus les yeux.

GÉLIOTTE, revenant.

Surtout, la mère, un cadenas à la bouche, et que la langue ne sorte pas du fourreau.

(Il sort,)

SCÈNE XI.

Mᵐᵉ GERVAIS, puis ESTELLE.

Mᵐᵉ GERVAIS.

Ça fait du bien tout de même d'avoir dans la même journée une bonne action à faire, et une agréable nouvelle à apprendre !.. oh ! quand Cyprien sera de retour, l'huissier d'à-côté aura joliment les ongles coupés ! une fois tranquille de ce côté-là, nous gardons encore la réconciliation pour la bonne bouche... (On entend la voix d'Estelle.) Eh mais ! je crois entendre mademoiselle Estelle... si je l'appelais... au fait, pourquoi pas tout de suite ? je suis pressée de voir sa joie. (Elle appelle bas à la porte.) Mademoiselle Estelle, mademoiselle Estelle. La voici.

ESTELLE, tristement.

Vous m'avez appelé, madame Gervais...

Mᵐᵉ GERVAIS.

Oui, mon enfant.

ESTELLE.

Des consolations, des encouragemens, que voulez m'offrir... ah ! j'en ai besoin, car je suis bien malheureuse !.. en présence de mon père, je cherche à étouffer mes chagrins dans le fond de mon cœur ; et quand il croit deviner un sourire sur mes lèvres, j'ai des larmes dans les yeux... mais alors il ne peut les voir.

Mᵐᵉ GERVAIS, à part.

Ne disons rien de notre petit service. (Haut.) Votre infortune ne sera pas de longue durée, je l'espère ; Dieu bénit les enfans qui vous ressemblent... bientôt vous ne pleurerez plus,

ESTELLE.

Comme vous me dites cela ?

Mᵐᵉ GERVAIS, lui présentant la lettre.

Voilà ce qu'on m'a remis pour vous ; prenez, mademoiselle, et lisez...

ESTELLE.

Que signifie ?..   (Elle lit et montre la lettre.)

Mᵐᵉ GERVAIS.

Hein ! qu'en dites-vous ?

ESTELLE.

Oh ! oui, oui, voilà l'espérance ! (Elle continue de lire.) et c'est moi qui doit les réconcilier. Ah ! je serai bientôt chez M. Dorvigny.

Mᵐᵉ GERVAIS.

Ce bon vieillard ! il vous dit qu'il vous aimera comme sa fille.

ESTELLE.

Bien entendu, mon père n'apprendra ma démarche que quand il en sera temps.

Mᵐᵉ GERVAIS.

C'est aussi mon idée. Allons, tout ira pour le mieux.

SCÈNE XII.

Mᵐᵉ GERVAIS, ESTELLE, RAYMOND.

RAYMOND, ouvrant la porte et entrant à tâtons.

Où est-il ? où est-il ?

(Estelle va au-devant de son père, le guide et le soutient.)

ESTELLE.

Mon père, qui cherchez-vous ?

RAYMOND.

Lui ! Cyprien.

Mᵐᵉ GERVAIS, à part.

Bravo ! c'est déjà arrangé.

ESTELLE, à son père.

M. Cyprien, n'est pas ici...

RAYMOND.

Si tu savais... ma fille, on a payé notre dette... nous ne serons pas chassés d'ici... tu vois bien que lui seul est capable d'un pareil trait... tu vois bien qu'il faut que je l'embrasse.

ESTELLE, apercevant Cyprien qui se glisse furtivement dans la chambre.

Tenez, mon père, le voici dans cette chambre ; il se cache de peur que son émotion ne le trahisse.

RAYMOND.

Oh ! je ne veux pas qu'il garde l'anonyme.

FINAL.

Air : C'est la jeune fille, je pense. (La Lecraux.)

De sa chambre je veux qu'il sorte.
(A Estelle.)
Ça, conduis-moi.

ESTELLE, à son père, après l'avoir conduit.

Voici la porte.

RAYMOND.

Venez, venez, cher Cyprien.

ESTELLE, à Cyprien.

Pourquoi nous fuir ! ce n'est pas bien.

Mᵐᵉ GERVAIS, à part.

C'est très bien.

RAYMOND, à Cyprien.

Eh quoi ! tu ne viens pas... ah ! si j'avais, Estelle,
Comme autrefois, mes yeux, mes pauvres yeux.

ESTELLE, à Cyprien.

Allons, allons, monsieur, rendez-vous à nos vœux.

(A son père.)

Il vient...

CYPRIEN, se montrant.

Vraiment, mademoiselle,   (neur !
Pour le peu que j'ai fait, c'est beaucoup trop d'hon-

RAYMOND. à Cyprien.

Enfant, qu'avec tendresse,
Dans mes bras je te presse.

(Il l'embrasse.)

ESTELLE, à Mᵐᵉ Gervais; bas.

Je pars...

Mᵐᵉ GERVAIS,

Quel bonheur !

Dépêchez-vous, je vais motiver votre absence.

RAYMOND, à Cyprien, avec effusion.

Oui, pour toi, tout ce qui serait en mon pouvoir !

CYPRIEN, bas, en regardant Estelle.

Trop grande est la distance !

ESTELLE, à part,

Comme il a les yeux sur moi !

CYPRIEN, à part.

Plus d'espoir !

ENSEMBLE.

RAYMOND.

Il voulait se taire,
Mais j'ai su pourquoi ;
Et tout son mystère
Est deviné par moi.

CYPRIEN.

Je saurai me taire,
Hélas ! je le voi,
Celle qui m'est chère,
N' s'ra jamais à moi.

Mᵐᵉ GERVAIS, à Estelle.

A bientôt, j'espère,
Le malheur, je croi,
Ne doit plus, ma chère,
Vous causer d'effroi.

ESTELLE, à Mᵐᵉ Gervais.

A bientôt, j'espère,
Le malheur, je croi,
N' doit plus, à mon père,
Causer de l'effroi.

ESTELLE, prête à partir.

Mon Dieu, protége-moi !

REPRISE DE L'ENSEMBLE.

(Cyprien s'aperçoit du départ d'Estelle ; sa mère lui fait signe de ne
rien dire.)

(Le rideau baisse.)

FIN DU PREMIER ACTE.

ACTE II.

Un beau salon. — Portes latérales. Portes au fond. — Une fenêtre.

SCÈNE I.

ANATOLE, seul.

Décidément, j'ai bien fait de m'attacher ce ma-
raud de Géliotte ; avec mon penchant à chercher
des bonnes fortunes, voilà tout justement le valet
qu'il me faut... Espérons qu'aucune maladresse ne
pourra déranger les filets que je vais tendre à ma
bergère. Voyez un peu ce que c'est pourtant que la
bizarrerie des amourettes ! j'ai vu le moment où
j'allais être pris tout de bon à celle-ci... c'est au
point, et j'en rougis vraiment, qu'en cas de ré-
sistance j'avais songé à l'épouser... fi donc ! quel
genre arriéré !.. oublions cette extravagante lu-
bie... et vive l'amour et la folie !.. quand j'aurai
soixante ans je me ferai ermite... mais jusque-
là... merci ! je n'en use pas.

Air : Puisque vous voulez ben m' prier. (Bergère d'Ivry.)

Lorsque l'on est au régiment
Faut filer vite un sentiment ;
Les langueurs, les soupirs
Sont ennemis des plaisirs ;
   Tout de bon,
   Ce jargon,
Doit ennuyer un tendron :
   En amours
   J'ai toujours
Évité les longs discours ;
   Et oui-dà,
   Il faudra

Conserver ce style-là ;
Rien n'est plus assommant
Qu'un langoureux amant
Qui parl' comme un rudiment !
   Les ennuis,
   Les soucis,
Ne sont, à mon avis,
Que le lot des maris
Ou des amoureux transis.

Mais n'allons pas nous attacher...
La chaîne empêche de marcher ;
   Pour garder la gaîté,
   Fuyons la fidélité ;
   Et Lisa
   Et Clara
M'ont appris ce dogme-là.
   Un amant
   Trop constant,
A la fin, devient gênant ;
   Et, joyeux,
   Il vaut mieux
Se faire de gais adieux.
L'amour fidèle est un fou
Qui vous mène on ne sait où...
A l'hymen vrai casse-cou !..
   Pas d'ennuis,
   De soucis ;
Il sont, à mon avis,
Le tribut des maris
Ou des amoureux transis !..

SCÈNE II.
ANATOLE, GÉLIOTTE.

GÉLIOTTE, en dehors.

C'est bien, c'est bien, valet, je suis content des hommages que vous me rendez.

ANATOLE.

Mes domestiques le prennent pour un seigneur! ce que c'est que l'effet d'un habit!

Air : A soixante ans.

Ces grands honneurs qu'en ce jour je vois rendre
Au pauvre diable entré dans mes salons
N'ont rien vraiment qui puisse me surprendre;
On ne sait pas que bientôt un galon
De mon laquais va rabattre le ton!
Le monde, hélas! en erreur est facile,
Toujours au pauvre il refuse l'esprit...
Mais il salue humblement l'imbécille
Qui n'a pour lui que le drap d'un habit...
On fuit le pauvre, on flatte l'imbécille
Qui n'a pour lui que son superbe habit.

(Appelant.) Géliotte! Géliotte!

GÉLIOTTE, paraissant.

Me voici, mon cher monsieur...

ANATOLE.

Dis-moi; as-tu remis ma lettre à Mlle Estelle?..

GÉLIOTTE.

Je vous l'avais promis et elle n'a pas dû attendre long-temps...

ANATOLE.

Mais alors ce n'est donc pas toi qui...

GÉLIOTTE.

J'ai chargé Mme Gervais du papier, et elle devait le remettre de suite à son adresse.

ANATOLE, à part.

Au fait j'aime autant qu'il n'ait pas encore vu Estelle... peut-être il connaît le secret de Cyprien et l'amitié qu'il lui porte aurait pu tourner contre moi. (Haut.) Géliotte, mets un peu d'ordre dans cette chambre.

GÉLIOTTE, il se lève.

Voulez-vous que j'appelle un domestique?

ANATOLE.

C'est inutile; j'ai plus de confiance en toi...

GÉLIOTTE, à part.

Homme de confiance! nous y voilà; allons, rangeons...

(Il arrange quelques meubles et va pour fermer la porte à gauche qui est restée ouverte, Anatole l'arrête.)

ANATOLE.

Un instant, ne ferme pas cette porte...

GÉLIOTTE.

Et pourquoi donc? est-ce que c'est là le cabinet de la Barbe-Bleu?

ANATOLE.

C'est l'endroit où mon père mettait sa caisse; la porte ferme avec une serrure à secret dont la clef a été perdue hier... et tu comprends le mal qu'on aurait à ouvrir...

GÉLIOTTE.

Il suffit.

ANATOLE.

Si quelqu'un vient tu m'avertiras de suite... tu me trouveras au jardin.

GÉLIOTTE.

C'est convenu.   (Anatole sort.)

SCÈNE III.
GÉLIOTTE, puis ESTELLE.

GÉLIOTTE. Il range en parlant.

M. Anatole a une manie de me tutoyer dont il faudra que je le déshabitue... avec un habit ficelé comme le mien on doit savoir se faire respecter... (Il imite Anatole.) « As-tu remis m'a lettre? — Ne ferme pas cette porte. — Tu viendras m'avertir. » C'est toute une éducation à refaire... je m'en charge. Eh mais! il me semble qu'au fond du corridor j'entends parler une femme du sexe! (Il écoute à la porte.) Je ne me trompe pas... (Avec fatuité.) Nous connaissons ces petite voix-là...

UN DOMESTIQUE.

Une jeune dame demande si elle peut se présenter.

GÉLIOTTE.

Fais-la entrer... valet.

LE DOMESTIQUE, à part.

Valet!.. comme il est insolent! décidément ça doit être un grand seigneur!

(Le domestique en sortant fait un signe à la cantonnade et Estelle se présente.)

GÉLIOTTE, saluant Estelle ridiculement.

Ma belle petite vous demandez sans doute quelqu'un ou quelque chose?

ESTELLE.

Je désirerais parler au maître de cette maison.

GÉLIOTTE.

Suffit! (A part.) Excusez! c'est du fin numéro! (Haut.) Je vais prévenir Monsieur.

(Il sort.)

SCÈNE IV.
ESTELLE.

C'est singulier! je me sens toute troublée... cette maison isolée me donne un serrement de cœur dont je ne suis pas maîtresse... cependant qu'ai-je à redouter? c'est bien ici que demeure ce bon M. Dorvigny dont l'amitié pourra peut-être mettre mon père en état de s'acquitter envers cet honnête Cyprien... excellent jeune homme!

Air : de Céline.

Dans mon cœur j'admire en silence
Les qualités de Cyprien....
A lui, souvent Estelle pense;
Il sait se conduire si bien!...
En le voyant près de sa mère,
Je ne saurais trop l'estimer;
Ah! combien, s'il était mon frère,
Je serais fière
De l'aimer...
Oui je voudrais l'avoir pour frère;
Oui tout haut je voudrais l'aimer.

Je deviendrais bien riche que je n'oublierais jamais ce qu'il a fait pour nous... personne ne vient encore!.. comme je tremble... suis-je donc enfant! (Prenant la lettre d'Anatole.) Cette lettre ne doit-elle pas me rassurer... (Lisant.) « Vous ne refuserez pas un vieillard qui se sent déjà pour vous toute la tendresse d'un père... » On vient... voici le colonel sans doute...

SCÈNE V.

ESTELLE, ANATOLE.

ESTELLE, laissant tomber la lettre.

Ciel ! vous ici, Monsieur !..

ANATOLE.

Je conçois votre surprise, mademoiselle, et je vais y ajouter encore en vous disant que je suis chez moi.

ESTELLE.

Chez vous, Monsieur ! mais on m'a désigné cette maison comme étant celle de M. Dorvigny.

ANATOLE.

Cela est exact... et c'est moi qui suis son fils...

ESTELLE, à part.

Grand Dieu! (Haut.) Mais que signifie ce billet qui me priait de me rendre auprès de l'ancien ami du capitaine Raymond ?

ANATOLE.

Ce billet ?.. c'est moi qui l'ai écrit.

(Il le ramasse.)

ESTELLE, à part, pendant qu'Anatole déchire le papier.

Quelle infernale machination !.. heureusement Mme Gervais sait où je suis allée... ô mon Dieu, fais qu'elle trahisse mon secret... fais qu'on puisse venir à mon secours !

ANATOLE, serrant dans sa poche les morceaux du billet.

Ce sera toujours un accusateur de moins.

ANATOLE.

Mademoiselle, ne tremblez donc pas ainsi... mon dieu ! suis-je donc si terrible !

ESTELLE.

Mais monsieur, quel rôle jouez-vous donc ici !   ANATOLE.

Je vous l'ai dit, mademoiselle... je suis le fils de l'ancien ami de votre père, je suis Anatole Dorvigny.

ESTELLE.

Vous, monsieur.

ANATOLE.

Vous excuserez la ruse que j'ai employée pour parvenir auprès de vous... de vous, qui la première m'avez fait connaître le véritable amour.

ESTELLE.

Monsieur, une telle façon d'agir...

ANATOLE.

Mon nom eût été un obstacle à mes relations avec votre père... j'ai dû le changer, et si j'ai commis une faute, ce n'est pas à vous, qui en êtes la cause, de m'en blâmer.

ESTELLE.

Et quel est votre but, monsieur, en me déterminant, par un moyen que je me dispense de qualifier, à venir dans cette maison ?

ANATOLE.

Mon but !.. mais en puis-je avoir un autre que celui de vous voir... de vous voir seule... de vous parler de cet amour que vous avez fait naître, et qu'hélas ! vous semblez repousser... de chercher enfin à désarmer cette rigueur qui donne à vos beaux yeux une sévérité qui leur sied si mal... cette rigueur qui place le froid dédain sur ces lèvres de roses où les grâces font régner parfois un si doux et si séduisant sourire.

ESTELLE.

Laissez-moi m'éloigner, monsieur.

ANATOLE, se plaçant devant elle et la retenant.

Eh quoi ! un si glacial éloignement !.. Estelle, avant de me quitter ainsi, daignerez-vous m'expliquer...

ESTELLE.

Vous désirez une explication ?.. Eh bien ! monsieur, je consens à vous la donner... mes paroles ne respireront ni le mépris, ni la colère que votre conduite semblerait justifier... je laisse à votre conscience le soin de vous punir... et, si tout sentiment d'honneur n'est pas éteint chez vous, je serai assez vengée.

ANATOLE.

Estelle, je vous assure...

ESTELLE.

Vous me parlez de votre amour, monsieur... pensez-vous donc que j'aie pu y croire un seul instant ?.. Oui, la fille du pauvre capitaine aveugle était peut-être assez jolie pour grossir la liste des maîtresses de l'homme du monde... une de plus, c'eût été un beau sujet de plaisanterie, un trophée bien glorieux et surtout bien honorable... N'est-il pas vrai, monsieur ?.. voilà comment vous aimiez la malheureuse Estelle... mais elle vous a deviné, monsieur... sa fierté s'en est indignée et son cœur est resté froid.

ANATOLE, un peu troublé.

Croyez...

ESTELLE.

Maintenant, monsieur je me retire ; je crois inutile de vous inviter à cesser vos visites chez le capitaine Raymond. Désormais, sa porte vous sera fermée.

ENSEMBLE

Air de Wallace.

ANATOLE.

Tant de mépris me blesse;
Le destin, en ce jour,
Te livre à ma tendresse,
Il me faut ton amour.

ESTELLE.

Mon Dieu, de ma jeunesse,
Prends pitié, dans ce jour;
Protége ma faiblesse
Contre un coupable amour.

(Anatole va fermer la porte du fond.)

ANATOLE.

Estelle, ne payez pas tant d'amour par tant de mépris.

ESTELLE.

Grand dieu! que faire? Ah! cette porte,

(Elle se précipite dans le cabinet et s'y enferme.)

SCÈNE VI.

ANATOLE puis GÉLIOTTE.

ANATOLE.

Ciel! enfermée... enfermée sous cette porte qu'il m'est impossible d'ouvrir... il faut pourtant qu'Estelle sorte de ce cabinet... quand je devrai briser les panneaux en mille éclats !.. mais non, car si mon père hâtait son retour... que répondrai-je à ses questions devant un pareil témoignage ?.. il n'est qu'un moyen. (Il appelle au fond.)

Géliotte, Géliotte ! (Revenant en scène.) Oui, c'est encore là le plus court et le plus sûr.

GÉLIOTTE.

Vous m'avez appelé !

ANATOLE.

Écoute, Géliotte, tu as des connaissances en serrurerie ?

GÉLIOTTE, à part.

Tu as !.. toujours tu... (Haut.) Vous me disiez donc ?

ANATOLE.

Si tu es un peu versé dans l'art de la mécanique ?

GÉLIOTTE.

Comment donc ! mais c'est un art qui ne m'est point du tout étrange.

ANATOLE.

En ce cas, il faut sans plus tarder que tu ouvres cette porte, où la jeune personne que tu as vue tout à l'heure ici, vient de s'enfermer.

GÉLIOTTE.

Compris, compris ! il y a de la brouille dans le ménage et monsieur désire un raccommodement.

ANATOLE.

Eh bien ! oui, c'est ça... mais pour dieu, dépêches-toi.

GÉLIOTTE.

Dépêches-toi !.. c'est bientôt dit... mais si je n'avais pas d'outils ?

ANATOLE.

Il faudrait courir pour en aller chercher.

GÉLIOTTE.

Oh ! je n'irai pas loin ; vous m'avez fait si vite monter en grade et mis en fonctions, que je n'ai pas eu le temps d'aller vendre ma vaisselle. (Il lui montre un cabinet.) Elle est encore là.

ANATOLE.

Alors, hâte-toi... et tantôt je te paierai toute ta ferraille dix fois sa valeur.

GÉLIOTTE.

Ça va. (Il va au cabinet et y prend l'espèce de valise dans laquelle les serruriers mettent leurs outils.) Voilà tout le bataclan... Actuellement, mettons habit bas et prenons nos aises.

(Il ôte son habit.)

ANATOLE, à part, pendant que Géliotte va porter son habit dans une pièce voisine.

Par prudence, donnons à tous les domestiques de mon père des commissions qui les éloignent, du moins pour quelques instans... Je n'ai pas besoin de témoins indiscrets ni d'espions. (Il sort.)

SCÈNE VII.

GÉLIOTTE, seul.

Maintenant, mettons la main à la pâte. (Il s'arrête un instant.) En v'là du tirage !.. Ouvrir la porte, c'est pour moi la moindre des choses... En deux temps, quatre mouvemens, ça sera fini... Mais, c'est pas tout... faut songer à ce qui va sortir de là... C'est une femme, ni plus ni moins... une femme en colère... Gare aux attaques de nerfs !.. Si je ne laisse pas, sur le champ de bataille, une bonne poignée de cheveux, un œil ou une demi-douzaine de dents, je pourrai me vanter d'avoir de la chance... Enfin, c'est égal, du

courage ! et, quand j'aurai ouvert la souricière, je prends une jambe à mon cou et je décampe sans demander mon reste.., (Il se met à la besogne.) Il est vraiment unique, mon ami Anatole, avec ses questions... Si je me connais en serrurerie... moi... un Géliotte... Qu'est-ce qui s'y connaîtrait donc ?.. (Efforts de Géliotte.) Aïh... aïh... Dieu me pardonne, je crois que ça veut me résister... (Le jeu de Géliotte doit indiquer toute la peine qu'il a pour venir à bout de ce qu'il entreprend. Il prend tantôt un outil, tantôt un autre, et fait enfin beaucoup de bruit sans résultat jusqu'à la fin de la scène.) Cristi ! ça ne vient pas !.. Aïh !.. La honte me rend rouge comme une betterave cuite...

(Nouveaux efforts de crochet.)

Air : Dépêchons...

Crac ! cric ! crac !.. ça n'vient pas !..
Cric ! crac ! cric !.. j'en suis las !..
Crac !.. j'y suis... Non, vraiment !..
Ah ! comme c'est guignolant !

Allons, ferme ! courage !
En avant, les crochets !
Ouf !.. à la fin, j'enrage...
C'est comm' si je chantais...
Crac ! cric ! crac !.. c'est le diable...
Crac ! crac !.. j'en suis en eau...
La fatigue m'accable...
J'suis au bout d'mon rouleau !..

Crac ! cric ! crac ! ça n'vient pas... etc...

(Comme Géliotte fait un dernier effort, Cyprien paraît au fond et le regarde avec étonnement.)

SCÈNE VIII.

CYPRIEN, GÉLIOTTE.

CYPRIEN.

Qu'est-ce que tu fabrique donc là, maître Géliotte ?

GÉLIOTTE, il laisse tomber tous ses outils et se croise un instant les bras en regardant Cyprien.

Cyprien ! et par quel hasard ?

CYPRIEN.

Tu vas le savoir... Mais dis-moi d'abord quel gâchis d'ouvrage tu fais là.

GÉLIOTTE.

L'ouvrage d'un homme de confiance...

CYPRIEN.

Ah ! ah !

GÉLIOTTE.

C'est le poste auquel mon génie m'a fait correspondre dans cette maison.

CYPRIEN.

Et monsieur l'homme de confiance s'amuse à crocheter les serrures... merci !

GÉLIOTTE.

Un instant... ouvrier mécanicien... pas de mauvais calembourg ! Je crochette une serrure parce que la clé en a été perdue... et parce qu'on m'a prié d'y suppléer par mon talent...

CYPRIEN.

C'est différent... Eh bien ! alors... ouvre cette porte...

GÉLIOTTE.

Pour de ça, j'en ai assez... j'aurais plus tôt fait de fabriquer des bas avec de la toile d'araignée.

CYPRIEN.

En ce cas j'ai bien fait d'arriver; ce matin M. Anatole de Beaumanoir qui est, comme tu sais, une nouvelle pratique, m'a fait demander une clé semblable à celle qu'il avait perdue. Comme c'est moi qui ai fabriqué cette serrure, ça marchera tout seul, et je vais la démonter pour y travailler plus commodément dans mon atelier... Voyons, prête-moi tes outils.

GÉLIOTTE.

Les voici... J'en ai assez de ta mécanique à se-cret... (*Cyprien se met en devoir d'ôter les vis aux quatre coins de la serrure, et s'arrête de temps en temps pour causer avec Géliotte.*) À ton tour.

CYPRIEN.

J'aurai bientôt fait.

GÉLIOTTE.

Dis donc, Cyprien, ta pratique est un fameux farceur.

CYPRIEN.

Qui? M. Anatole?

GÉLIOTTÈ.

Il y a dans cette chambre noire une jolie pe-tite grisette... une des maîtresses de mon ami Anatole...

CYHRIEN.

Une des maîtresses!.. Combien en a-t-il donc?

GÉLIOTTE.

Innocent mécanicien! cela te chiffonne... Ça se conçoit... Nous autres, gens du monde, nous n'avons pas vos usages mesquins... nous allons grandement en tout... Aussi, il nous faut cin-quante maîtresses à la fois...

CYPRIEN.

Mais tu marches à présent sur une drôle d'herbe, Géliotte...

GÉLIOTTE, *se haussant sur ses talons.*

C'est comme ça, le petit Cyprien!

CYPRIEN, *à part.*

Au fait, tant mieux; si M. Anatole a tant de maîtresses... c'est signe que je m'étais trompé sur son compte et qu'il n'aime pas mademoiselle Estelle... Oh! à présent je ne le crains plus!

GÉLIOTTE.

Eh bien! ça s'enlève-t-il ces vis?..

CYPRIEN.

C'est fini... la serrure a cédé...

GÉLIOTTE.

Elle va sortir! Moi, je cours chercher mon-sieur, c'est lui lui recevra la bourrade.

(*Il se sauve.*)

SCÈNE IX.

CYPRIEN, puis ESTELLE.

CYPRIEN.

Est-il poltron! il a peur d'uue jeune fille!.. (*A Estelle qu'il ne voit pas.*) A présent, mademoiselle, vous pouvez sortir.

ESTELLE, *paraissant.*

Ah! grands dieux! M. Cyprien!

(*Elle se cache la figure dans ses mains.*)

CYPRIEN.

Estelle! Estelle!.. (*Il tombe accablé sur une chaise et sanglotte.*) Oh! moi qui l'aimais tant!

ESTELLE, *à part.*

Il pleure! il me croit coupable!

CYPRIEN.

Elle, la maîtresse de M. Anatole! Allons, Cy-prien pas de regrets honteux!.. pas de faiblesse... il faut partir... (*Il se lève.*) Adieu, mademoi-selle... (*Avec un désespoir tout concentré.*) Soyez sans crainte, je serai discret... Je n'ai rien vu... Je ne sais rien... Adieu...

ESTELLE.

Cyprien, est-ce bien vous qui me parlez ainsi?

CYPRIEN, *essuyant des larmes à la dérobée, à part.*

Lâche que je suis... Je crois que je pleure encore!

ESTELLE.

Apprenez comment il se fait...

CYPRIEN.

Mademoiselle, vous ne me devez aucune ex-plication, vous êtes libre de vos actions... Vous n'avez à en rendre compte qu'à votre père... à votre vieux père qui est aveugle... qui s'appuie sur votre bras avec tant de fierté, de confiance, qui vous proclâme incapable d'abuser de sa triste position pour cesser d'être un modèle de perfection, un ange de vertu... Ah s'il savait tout... ce digne M. Raymond, comme il mau-dirait la vie!.. comme il maudirait sa fille!

ESTELLE.

Me maudire! moi... Cyprien votre fatale er-reur va jusqu'au délire... aussi je vous par-donne... mais par pitié reconduisez-moi chez mon père... arrachez-moi à cette affreuse mai-son... bientôt vous connaîtrez dans quel piége infâme je suis tombée et quelle lettre perfide a su m'y attirer.

CYPRIEN.

Mais cette lettre, où est-elle?

ESTELLE.

Hélas! elle n'est plus en mon pouvoir... à la vue du lâche qui me l'avait écrite, elle échappa de mes mains et...

CYPRIEN.

Et il s'en est emparé n'est-ce pas.

ESTELLE.

Pour la mettre en pièces...

CYPRYEN, *à part.*

Au moins, elle se donne la peine d'inventer une excuse; c'est toujours ça

ESTELLE.

Vous me croyez, n'est-il pas vrai, Cyprien?

CYPRIEN.

Je crois que je suis le plus malheureux des hommes... car aujourd'hui je puis vous le dire ce secret que depuis long-temps je cache, même à ma mère... Je vous aimais, mademoiselle je vous aimais de toutes les forces de mon âme...

ESTELLE, *à part.*

Il m'aimait!

CYPRIEN.

L'éducation avait élevé entre nous une bar-rière insurmontable... je me taisais... je me ré-signais à mon sort...—Un autre, pensais-je sou-vent, un autre la rendra plus heureuse que moi... et j'aurais été le premier à vous con-seiller un mariage digne de vous.... C'eût été bien pénible, allez... ça m'aurait fait bien mal... mais n'importe, j'aurais eu ce courage-là...

ESTELLE, *à part.*

Mais c'est une agonie qu'il me fait subir!

CYPRIEN.

Cet ouvrier... cet homme qui n'a pas appris à dorer ses phrases... il avait de l'estime pour vous... jamais il n'aurait conçu l'infâme projet de vous compromettre, de vous déshonorer... comme ne l'a pas craint le monsieur du beau monde... celui-ci vous dédaignait pour sa femme, et l'artisan eût été heureux de vous donner ce titre... mais à présent... oh ! à présent !..

Air : du damné. (Clapisson).

Hélas ! je change de langage...

ESTELLE, à part.

Les pleurs inondent mon visage.

CYPRIEN.

Oui, ma fierté contre vous doit s'armer.

ESTELLE, à part.

Quoi ! Cyprien cesse de m'estimer !

CYPRIEN.

L'illusion est effacée...

ESTELLE.

De douleur, mon âme est glacée,
Il me bannit de sa pensée.
C'en est donc fait !.. il ne va plus m'aimer !

CYPRIEN, à part.

Ah malheureux ! je ne dois plus l'aimer !

Oh mais M. Anatole n'en est pas où il croit... à côté de l'injure sera la réparation.

ESTELLE.

Que voulez-vous dire ?

CYPRIEN.

Je veux dire que je vous ai trop aimée, pour laisser un fat ternir impunément votre honneur.

ESTELLE.

Sur l'âme de ma mère, mon honneur est sans tache.

CYPRIEN.

On saura que vous êtes venue seule chez M. Anatole de Beaumanoir, et le monde qui a raison d'être sévère, jetera sur vous le ridicule et le dédain, si cet Anatole ne répare pas sa faute en vous donnant son nom.

ESTELLE,

Moi... sa femme ! Ah ! jamais... jamais !

CYPRIEN, apercevant Anatole.

Le voilà donc... Ah ! enfin !

SCÈNE X.

CYPRIEN, ESTELLE, ANATOLE.

ANATOLE, s'arrêtant brusquement à la vue de Cyprien.

Vous ici !

CYPRIEN.

Je suis venu trop tôt, n'est-il pas vrai ; ce n'est pas moi que vous comptiez trouver ?

ANATOLE, à part,

Quel contretemps !

CYPRIEN, avec amertume.

Vous le voyez, j'ai du zèle. Ce matin vous êtes venu me commander de l'ouvrage, et je ne me suis pas fait attendre... c'eût été de l'ingratitude... vous qui me donnez si souvent à travailler... et puis vous aimez tant à visiter l'atelier du pauvre Cyprien, qu'il vous doit bien à son tour quelque peu d'empressement...

ANATOLE, à part.

Je crois, Dieu me pardonne qu'il veut faire le plaisant.

CYPRIEN, se contenant avec violence,

Dans votre monde on a l'âme noble et élevée... c'était plaisir de voir avec quelle louable bonté vous profitiez du prétexte de vos commandes pour aller consoler un malheureux aveugle... (S'élançant avec rage vers Anatole.) Savez-vous bien, monsieur que votre conduite est infâme !

ESTELLE.

De grâce, Cyprien...

ANATOLE.

Laissez, Mademoiselle, laissez parler ce noble chevalier ; il se fait redresseur de torts... comment donc ! mais le rôle est brillant à remplir.

CYPRIEN.

Il en est un plus beau sans doute... celui que vous avez choisi :

ANATOLE.

Je suis trop bon de vous écouter ainsi... sortez...

CYPRIEN.

Sortir ! oh ! avant, vous m'entendrez ! Le hasard a placé sur votre passage une jeune fille veillant comme un ange gardien près de son père infirme... il vous a semblé qu'il y aurait quelque gloire à tenter cette nouvelle conquête... une maîtresse de plus ! mais en présence d'un tel trophée, qu'est-ce que le désespoir d'un vieillard, que le déshonneur de sa fille peut faire mourir de chagrin ? allons donc, ce n'est pas la peine de s'arrêter à un pareil scrupule...

ESTELLE, à part.

Mon pauvre père !

ANATOLE, à Cyprien.

Quand il vous plaira de vous taire, je...

CYPRIEN.

Vous vous êtes dit : « tous les moyens sont bons pour tromper l'inexpérience et la faiblesse... Estelle est, pour ainsi dire sans appui sur la terre... il faut profiter de son isolement pour la séduire... que feront ensuite ses regrets et ses plaintes ! son père est privé de la vue... et personne ne viendra la défendre... (Fixant Anatole avec fureur, et, avec explosion.) Vous vous êtes étrangement trompé, savez-vous ?

ANATOLE.

Convenez que je suis patient... et que j'ai le caractère bien fait.

CYPRIEN.

Eh bien ! moi, je n'ai pas le même avantage ; je ne sais pas trouver le mot pour rire lorsque l'honneur est en jeu ; aussi, j'achèverai de céder au cri de ma conscience, et je vous montrerai le chemin que vous devez suivre.

ANATOLE.

Ah ! vraiment !

CYPRIEN.

Je ne vous demande pas par quel moyen vous avez attiré Mademoiselle dans cette maison ; ce que je sais, c'est qu'en l'y retenant vous l'avez perdue, et que désormais, c'est pour vous un devoir de lui donner votre nom.

ANATOLE.

Certes, M. Cyprien a de la grandeur d'âme... offrir à un autre la femme qu'on aime, voilà de la générosité ou je ne m'y connais pas... toute-

fois, je n'ai pas pour habitude de recevoir de
leçons de qui que ce puisse être, et certes, je
ne pense pas devoir commencer par me soumettre
à celles de M. Cyprien.

CYPRIEN, lui prenant fortement le bras.

Il faut une réparation à la fille du capitaine
Raymond... entendez-vous... il la faut... et vous
la donnerez.

ANATOLE.

C'en est assez, votre insolence me lasse à la
fin... sortez de chez moi, je vous l'ordonne.

CYPRIEN.

Vous me chassez! hé bien! oui, je sortirai
d'ici, mais tout à l'heure, mais quand je t'aurai
dit que je professe pour toi le plus profond mépris.

ESTELLE.

Arrêtez, Cyprien...

ANATOLE, qui veut s'élancer ; Estelle le retient.

Malheureux !

CYPRIEN.

Eh ! Mademoiselle, que craignez-vous donc ?
le riche insolent aurait peur de se compromettre
en se battant avec l'ouvrier... rassurez-vous...
l'ouvrier est fait pour recevoir l'insulte, et le fat
aux gants jaunes et au cœur poltron, se rit de
sa colère, sans daigner lui donner satisfaction...
N'est-il pas vrai, M. Anatole! (Anatole hausse les
épaules, et le regarde avec dédain.) N'est-ce pas qu'un
duel est impossible entre vous et un obscur artisan... lui, habitué à manier la lime et le marteau... vouloir saisir une épée ou un pistolet...
ce serait une bouffonnerie !.. il n'a pas l'art de
briller dans un tir... il n'est pas élève de Gri-
sier... et on peut impunément lui cracher au visage... non, il ne sait pas tuer un homme par
principe... non, il n'a pas le talent du meurtre...
mais il a mieux que tout cela, l'ouvrier, il a du
cœur !

ANATOLE.

Sais-tu, pauvre insensé, qu'il y aurait un ar-
rêt de mort dans chacune de tes paroles... si je
n'avais pas pitié de toi ?

CYPRIEN.

Air de la Neige.

Quoi ! tu réponds toujours par le mépris !
C'est à mon tour à te jeter l'outrage...
(Il arrache l'épaulette d'Anatole qui porte la main à son épée, et ne
se contient que parce qu'Estelle se jette devant lui.

ANATOLE, à Cyprien.

Ah ! tout son sang...

CYPRIEN.

Tu n'as donc pas compris.,
Que tant d'affronts allumeraient ma rage?
Te battras-tu ?

ANATOLE.

Va ce n'est pas en vain,
Que ta fureur appelle ma vengeance...

CYPRIEN.

Oui... maintenant, je brave ton dédain...
Car, quand il a les armes à la main,
L'homme du peuple aplanit la distance...
Par son courage, il brise la distance !

ANATOLE.

Sortons!

CYPRIEN.

A l'instant.

ESTELLE, s'interposant.

Non, non, cet horrible duel n'aura pas lieu...
M. Anatole, ce serait un assassinat...

ANATOLE.

Nous nous battrons, vous dis-je...
(Ils sortent, Anatole a repoussé Estelle et refermé à
clef la porte sur elle.

SCÈNE XI.

ESTELLE, puis GÉLIOTTE.

ESTELLE, après avoir essayé vainement d'ouvrir la
porte.

Fermée !.. Comment empêcher cet affreux com-
bat !.. Mais j'y pense... cet homme... (Elle va à la
fenêtre.) Au secours! au secours !.. On m'enten-
dra sans doute... Au secours !..

GÉLIOTTE. Il ouvre la porte du fond.

Qu'y a-t-il donc ? Est-ce que le feu est à la
maison ?

ESTELLE.

Courez... Ah ! courez vite...

GÉLIOTTE.

Courir !.. où ?

ESTELLE.

Mais ils vont se battre !

GÉLIOTTE.

Qui?

ESTELLE.

M. Anatole et Cyprien... Et c'est pour moi...
Ah ! malheureuse Estelle !..

GÉLIOTTE.

Quoi ! vous êtes... Ah ! quel embrouillamini !
quelle bouteille à l'encre !.. Mais je ne veux pas
qu'il y ait de la casse... gare là-dessous !.. (Il sort
et heurte M. Raymond, qui entre, accompagné de
Mme Gervais.) Pardon, excuse, les anciens !

SCÈNE XII.

ESTELLE, RAYMOND, Mme GERVAIS.

ESTELLE, courant vers son père.

Mon père...

Mme GERVAIS.

Je vous avais bien dit que nous la retrouve-
rions ici cette chère enfant...

RAYMOND, embrassant sa fille.

Merci, merci, bonne dame.

(On entend un coup de pistolet.)

ESTELLE, à part.

Dieu ! il était trop tard !

RAYMOND.

Quel est ce bruit?

Mme GERVAIS.

Ça me fait peur !

RAYMOND.

Sans doute quelque étourdi qui s'exerce à un
tir.

ESTELLE.

Peut-être aussi quelque malheureux est-il bles-
sé, là, près de nous.

Mme GERVAIS.

Venez, mademoiselle Estelle, allons lui offrir
nos secours.

(Elle sort avec Estelle en faisant asseoir Raymond.)

SCÈNE XIII.

RAYMOND, puis GÉLIOTTE.

RAYMOND.

Espérons que leurs craintes ne se réaliseront pas... Le jour de ma réconciliation avec mon vieil ami ne saurait être marqué par un tel malheur.

GÉLIOTTE, arrivant tout joyeux.

Vive l'Institut ! vive Cyprien !.. vive M. Anatole !.. vive le papa Dorvigny !..

RAYMOND.

Qu'est-ce donc, mon ami ?

GÉLIOTTE.

Ah ! pardon, excuse, estimable débris de notre vieille gloire... je ne vous avais pas dévisagé... Mais c'est égal, je le répète : Vive l'Institut, qui a décerné le prix de mécanique au simple ouvrier ! vive Cyprien, qui n'a pas hésité à se battre avec un troupier, pour punir les outrages faits à votre fille !..

RAYMOND.

Grand Dieu ! un duel... pour ma fille !..

GÉLIOTTE.

Les amis sont en bas qui le complimentent.

RAYMOND.

Ce bon Cyprien ! Oh ! je suis heureux de son petit triomphe.

GÉLIOTTE, avec volubilité.

Oui, mais rassurez-vous, tant de tués que de blessés, tout le monde se porte bien... Cyprien a été maladroit, et M. Anatole de Beaumanoir, ou Anatole Dorvigny, comme vous voudrez, attendu que les deux n'en font qu'un, lui a tendu la main en lui disant avec noblesse : Jeune homme, j'ai eu tort, pardonnez-moi... épousez-la ; car vous êtes plus digne que moi de la posséder. Oh ! c'est bien, c'est très bien !.. aussi je le réestime... autant que son bonhomme de père, la meilleure pâte de père, qui est arrivé là à point nommé pour rendre le tableau plus touchant.

RAYMOND.

Mais tout cela me parait encore une énigme.

GÉLIOTTE.

Excusez ! Faut que vous soyez bien difficile, si vous ne me comprenez pas... au surplus, v'là les autres qui vous en apprendront davantage, si c'est possible.

SCÈNE XIV.

LES MÊMES, CYPRIEN, ESTELLE, DORVIGNY, OUVRIERS, puis UN TAILLEUR.

(Les ouvriers entrent les premiers. Ils entourent Cyprien.)

CHOEUR.

Air : Allons ma sœur, quand minuit sonne. (FILLE DE L'AIR.)

C'est l'amitié qui nous l'ordonne,
Fêtons, fêtons, l'heureux vainqueur !

Un ouvrier que l'on couronne
C'est pour nous tous beaucoup d'honneur.

(La Musique continue en sourdine sur le motif de cette donnée jusqu'à la fin de la pièce.)

CYPRIEN.

Merci, merci, mes bons amis.

GÉLIOTTE, lui serrant la main.

Cyprien... suffit... tu sais ce que je te suis.

ESTELLE, allant à son père.

Mon père !

CYPRIEN, de l'autre côté.

Monsieur Raymond !

GÉLIOTTE.

Pas de dialogue, c'est inutile... j'y ai tout narré.

RAYMOND, les prenant dans ses bras.

Mes chers enfans... soyez heureux.

ANATOLE, à Raymond.

Je fus bien coupable, M. Raymond ?

RAYMOND.

Je devrais vous haïr, vous ; mon cœur éprouve trop de bonheur pour que la rancune puisse y trouver place... hâtez-vous de me conduire auprès de votre père !.. il me tarde de l'embrasser.

ANATOLE.

Lui aussi, il a hâte de vous presser dans ses bras ; mais sa maudite goutte le force à vous attendre dans le salon du rez-de-chaussée.

(Ils font un mouvement pour sortir. Entre un tailleur portant une livrée et un chapeau galonné.)

LE TAILLEUR.

Monsieur, voici la livrée que vous m'avez demandée pour votre domestique Géliotte.

TOUS LES OUVRIERS, riant.

Tiens ! c'était un laquais.

GÉLIOTTE.

Moi, un laquais ! (Il prend le chapeau galonné, et l'enfonce d'un coup de poing sur la tête du tailleur.) Tais-toi, triple cuistre. (A Anatole.) Monsieur, vous m'avez triché. (Jetant son habit.) Au diable l'habit de la servitude ; l'exemple de Cyprien m'a redonné du cœur au ventre... je reprends la lime et le marteau, ce sont les armes du brave ouvrier ; je rendosse la blouse et la casquette de loutre, c'est la livrée du travail et de l'indépendance... Vive Cyprien !

TOUS.

Vive Cyprien !

(Géliotte et les ouvriers se mettent à danser en rond autour de Cyprien et reprennent le chœur.)

CHOEUR.

C'est l'amitié qui nous l'ordonne, etc.

(La toile baisse sur le tableau formé par la ronde des ouvriers.)

FIN DE L'AMOUR D'UN OUVRIER.

Imprimerie de Mme Ve Lacombe, rue d'Enghein, 12.